AF509322

MUSÉE DE PARIS.

ASSEMBLÉE du Jeudi 14 Juillet 1785,
à cinq heures précises, rue S. Honoré,
près le Palais Royal.

Pour M.

de la part de M.

Ce Billet est nécessaire pour entrer.

L'affreuse Catastrophe

LETTRES

DE

L'OBSERVATEUR BON-SENS,

A M. DE ***,

Sur la fatale catastrophe des infortunés PILATRE DE ROSIER & ROMAIN, *les Aéronautes & l'Aérostation.*

Tradent fabrilia fabri.

Prix, 24 sols, broché.

A LONDRES,

Et se trouve à PARIS,

Chez MÉQUIGNON l'Aîné, Libraire, rue des Cordeliers, près des Écoles de Chirurgie.

M. DCC. LXXXV.

AVIS DE L'ÉDITEUR.

Ces lettres arrachées à la plume d'un Auteur célebre, m'ont paru trop intéressantes pour ne pas voir le jour. Elles sont dues à l'épouvantable catastrophe qui fait le sujet de toutes les conversations. Mes vœux seront remplis, si elles peuvent contribuer à prévenir quelqu'autre malheur.

NOTICE

SUR

L'ESTAMPE DU FRONTISPICE.

On a représenté le Ballon diftendu, pour faire voir l'état où il a été trouvé.

PREMIERE

PREMIERE LETTRE.

Paris, ce 22 Juin 1785.

QUELLE trifte tâche, MONSIEUR, vous impofez à ma plume ! Mais je ne fais rien refufer à l'amitié.

A la nouvelle de la fatale cataftrophe des infortunés Pilatre & Romain, tous les cœurs ont été ferrés de douleur ; & quel cœur auroit pu être infenfible ? Deux hommes intéreffans par leurs qualités perfonnelles, leur amour des Sciences, leur foif de la renommée, & chers au Public par leur dévouement même à une efpèce de fpectacle dont il fait fes délices, ainfi moiffonnés à la fleur de l'âge ! A l'idée de la perte de la vie fe joint l'idée plus cruelle encore d'un genre de mort, que l'imagination fe peint comme le plus affreux des fupplices. —— Des êtres faits pour fe traîner fur la terre, précipités du ciel fur un rocher !

Mais au fentiment de trifteffe & d'effroi qui glace les cœurs, fuccède enfin un fentiment de curiofité inquiète : on fe demande avec empreffement de quelle manière ont péri ces infortunés, quelle caufe a déterminé leur chûte. *Seroit-ce la*

A

fimple expanfion de l'air inflammable ? Le feu auroit-il pris par leur Montgolfière ? Queftions répétées tour-à-tour, & fur lefquelles on n'a encore que doute & qu'incertitude.

Il n'a paru jufqu'à ce jour dans nos Feuilles publiques que deux relations de ce terrible accident. L'une très-fuccinte, & marquée au coin de la bonhommie ruftique (1), eft d'un fimple fpectateur. L'autre plus détaillée (2), eft de la main même de M. de la Maifonfort, amateur diftingué, qui a failli augmenter le nombre des victimes, & dont la perte auroit rendu l'événement plus déplorable.

Quoique ces relations nous viennent toutes deux de témoins oculaires, elles ne s'accordent point fur le fait principal. La première annonce qu'on a vu s'élever au-deffus du Ballon une colonne de flamme. La dernière, loin d'annoncer une explofion, donne pour caufe le déchirement de l'enveloppe par l'expanfion du gaz dont il étoit rempli. J'en vais tranfcrire quelques paffages. Entraînée par des courans divers, la machine fut repouffée fur la côte de France. « Dans ce moment, fans » doute, M. Pilatre de Rozier, ainfi que nous en

---

(1) Voyez le Journal général de France du 18 Juin 1785.

(2) Voyez les Affiches du 22 Juin.

» étions convenus ensemble, voulant descendre &
» chercher un courant plus favorable, se sera dé-
» terminé à tirer sa soupape, qui, mal raccom-
» modée & trop dure, aura exigé apparemment,
» & des efforts, & peut-être une secousse violente :
» c'est alors que le taffetas a crevé, que la sou-
» pape est retombée dans l'intérieur du globe, &
» que l'air inflammable tendant à s'élever, & vou-
» lant sortir par l'issue de dix pouces qui venoit
» de se faire, l'enveloppe pourrie par des essais
» inutiles , & par un laps de tems considérable,
» a cédé, & s'est seulement déchirée, sans écla-
» ter ; car un Paysan éloigné de cent pas, n'a
» entendu, m'a-t-il dit, qu'un bruit très-léger ;
» tandis qu'une détonnation totale en devoit pro-
» duire un très-fort. J'ai vu, Monsieur, l'enveloppe
» de l'Aérostat retomber sur la Montgolfière ; la
» machine entière m'a paru alors éprouver deux
» ou trois secousses, & la chûte s'est déterminée
» de la manière la plus violente & la plus rapide.
» Les deux malheureux Voyageurs sont tombés,
» & ont été trouvés fracassés dans la galerie, &
» aux mêmes places qu'ils occupoient à leur
» départ ».

Observez, Monsieur, que l'Aérostat étant à une
distance assez considérable, & que les Aéronautes
ayant été trouvés sans vie, l'opinion de M. de la
Maisonfort sur les causes de ce cruel évènement, se
réduit à de simples conjectures ; & malgré la con-

france qu'il eſt fait pour inſpirer, je ne crains pas de le dire, ces conjectures me paroiſſent plus qu'in-vraiſemblables.

Il attribue l'évènement à la déchirure du Ballon fatigué par des eſſais multipliés & uſé par le laps de tems; déchirure qu'auroit déterminée le trou de dix pouces laiſſé libre par la chûte de la ſoupape. Mais on a peine à concevoir comment, à la hauteur où étoit l'Aéroſtat, le gaz inflammable tendant à s'échapper, auroit eu beſoin, pour déchirer ſon enveloppe, de l'ouverture laiſſée par la chûte accidentelle de la ſoupape. Il eſt très-ſimple au contraire de penſer que cette ouverture, donnant iſſue à une partie du gaz (1) dilaté, devoit garantir le Ballon.

A ſuppoſer toutefois que le gaz s'échappant avec impétuoſité, ait un peu agrandi l'ouverture, on ne conçoit pas trop qu'il en ſoit réſulté un pareil accident. Eût-elle même été de dix pieds, il ne s'en feroit échappé qu'une quantité de gaz, à peu près correſpondante à l'excès de ſon expanſion ſur la réſiſtance de l'air ambiant : ainſi le Ballon reſtant gonflé auroit commencé à deſcendre; mais ſa chûte n'auroit pas été fort rapide, comme on l'a vu à l'égard du Ballon de Saint-Cloud, dont l'ouverture faite à deſſein étoit plus grande encore. Or les

(1) Il n'étoit même rempli qu'aux trois quarts, comme je viens de l'apprendre.

malheureux Aéronautes ayant été précipités des nues avec la rapidité de la bombe, la déperdition du gaz inflammable a dû être auffi complette que fubite : ce qui fuppofe néceffairement l'explofion du Ballon, que met d'ailleurs hors de doute l'état dès reftes de fon enveloppe. Le fatal accident n'a donc pu être produit que par le feu.

Enfin, Monfieur, & je vous prie d'y réfléchir, un Ballon ufé, rempli de gaz expanfif, ne fait point explofion par la fimple diminution de la réfiftance du milieu ambiant ; ce qu'il eft facile de conftater en petit, fous un récipient où l'on fait peu-à-peu le vide. A plus forte raifon ne fauroit-elle avoir lieu à feize cens pieds au-deffus du niveau de la mer. Dans les Ballons qui ont été abandonnés à eux-mêmes, & qui fe font élevés à la plus grande hauteur poffible, hauteur au moins quadruple de celle où fe trouvoient les Aéronautes, jamais le gaz inflammable n'a fait explofion, toujours il s'eft ouvert paffage au-dehors par l'endroit le plus foible de l'enveloppe, d'où il ne s'échappoit qu'en partie : auffi ces Ballons font-ils toujours retombés pleins (1) fur terre, où ils bondiffoient même quelques momens.

____

(1) On fent bien qu'à mefure que le Ballon defcend, le gaz inflammable toujours plus comprimé, laiffe dans la capacité de fon enveloppe un petit vide, que l'air ambiant remplit auffi-tôt.

SECONDE LETTRE.

Paris, ce 23 Juin 1785.

IL n'eſt que trop vrai, MONSIEUR, le Ballon de nos infortunés Aéronautes a pris feu, & ſa détonnation a été la cauſe de leur perte. Vingt lettres particulières arrivées de Boulogne depuis deux jours, ne laiſſent aucun doute ſur ce point; & moi-même j'en reçois une à l'inſtant, qui confirme le fait. Comme elle contient une relation exacte & circonſtanciée de la fatale cataſtrophe, je vais la tranſcrire mot à mot.

« Pilatre & Romain ne ſont plus, & déja ſans doute vous avez appris le terrible évènement qui vient de les arracher à la vie ».

« Après une longue & vaine attente, le vent paroiſſant enfin devenir favorable à l'exécution de leur entrepriſe, ils commencèrent la nuit du 13 les apprêts du départ. La machine avoit fort ſouffert par les eſſais multipliés qu'ils en avoient fait; il fallut la raccommoder, ce qui prit beaucoup de tems; & ce ne fut que vers les onze heures du matin que le Ballon commença à se remplir ».

« Déja le vent avoit changé : le reste du jour se passa à attendre qu'il redevînt favorable. Dans la nuit, il commença à souffler du sud-est, & les travaux de la veille recommencèrent ».

« Au lever du soleil, on lança un petit, Ballon de baudruche, qui s'éleva assez haut : entraîné quelque tems par des vents contraires, il vint tomber sur nos côtes. Quoique cette épreuve ne fût pas de bon augure, les préparatifs du voyage n'en continuèrent pas moins. Deux heures après, on lança un second Ballon, qui se perdit en un moment dans les airs. Enfin un troisième Ballon fut porté vers les côtes d'Angleterre ; & le canon annonça l'approche du départ ».

« A sept heures quelques minutes, les deux malheureuses victimes montèrent dans la galerie, & s'élevèrent avec rapidité aux yeux d'un Peuple immense. L'ascension de la machine se faisoit obliquement. Parvenue à la hauteur d'environ trois cens pieds, elle parut quelques momens faire bonne route ; mais en continuant à monter, elle fut tour-à-tour entraînée par différens courans. Au bout de quinze à vingt minutes, ramenée sur les côtes de France, elle se trouvoit à une hauteur considérable, lorsqu'on vit paroître de la fumée ; les Aéronautes sembloient occupés à baisser le réchaud, & peu après s'éleva au-dessus du Ballon une colonne de flamme, qui fut apperçue de tous les fpeċtateurs, dont plufieurs poufsèrent un cri lamentable. A l'inftant l'enveloppe du Ballon parut fe replier fur la Montgolfière, & la machine s'abattit avec une rapidité inconcevable ».

« Ses triftes reftes ont été trouvés, avec les deux cadavres, à cinq quarts de lieue de Boulogne, dans la garenne de Wimille, près des bords de la mer. Un Payfan des environs, accouru des premiers, rapporte que l'un de ces malheureux donnoit encore quelques foibles fignes de vie, mais que l'autre avoit été tué fur le coup. L'état où ils étoient faifoit frémir...... La Montgolfière ne paroiffoit ni brûlée, ni déchirée, la galerie étoit extrêmement endommagée, le réchaud fe trouvoit applati & brifé; tandis que la calotte fupérieure du Ballon étoit brûlée, de même qu'une partie de l'un des appendices & de la corde qui faifoit jouer la foupape ».

« J'ignore fi on a fait un procès-verbal (1) pour conftater l'état de la machine après fa chûte : au cas qu'il y en ait un, j'aurai foin de vous l'envoyer ».

---

(1) On prétend qu'une lettre de Boulogne, en date du 27, en annonce un. S'il exiftoit, eft-il croyable qu'il n'eût point encore paru ? Cette lettre (dit-on) infinue auffi que le Ballon a été foudroyé : circonftance dont aucune relation de bon lieu ne dit un mot; ce qui me prouveroit affez que ces nouvelles font plus que fufpectes. *Note de l'Editeur.*

Il eſt donc bien conſtant, Monſieur, d'après une multitude de relations, d'après l'examen même des reſtes de l'Aéroſtat, que ſa chûte a été cauſée par la détonnation du gaz inflammable ; & il n'y a point de doute que la détonnation a été occaſionnée par le feu du réchaud.

La multitude peut croire fortuite cette terrible cataſtrophe : mais quel homme ſenſé & inſtruit ne voit qu'elle étoit inévitable, par la conſtruction même de l'Aéroſtat ?

Comme on y avoit fait quelques changemens à Boulogne, j'en joins ici un deſſin (planche II), où l'on a eu l'attention de repréſenter la ſoupape & ſes appendices. Vous y verrez que la Montgolfière ſe trouvoit ſéparée de quelques pieds du Ballon, & y étoit ſuſpendue par des cordons attachés à un cerceau. Enfin vous ſaurez qu'on avoit ſubſtitué un réchaud aux lampes & aux bougies. Tel étoit l'état de la machine au moment de ſon départ.

Jettez à préſent avec moi un coup-d'œil rapide ſur ſes énormes défauts.

Un Aéroſtat, compoſé d'un Ballon & d'une Montgolfière, peut ſéduire au premier apperçu. Il préſente l'idée de deux machines qui, ſe ſuppléant l'une l'autre au beſoin, offrent toujours une double reſſource. Mais pour remplir ce but, on ſent bien que chacune de ces machines devroit être en état de porter l'appareil entier. Or que pouvoit une Montgolfière cylindrique de 28 pieds en hauteur ſur 16 à 17 en diamètre, ouverte au ſommet, ouverte à la baſe, & dont l'air n'étoit même raréfié que par l'action d'un braſier ?

Auſſi n'étoit-ce point là, ſans doute, le but du conſtructeur. Quoiqu'il imaginât avoir réuni par *un nouvel accord* (1) *les deux procédés*, il eſt clair que ſa prétendue Montgolfière n'en étoit pas une, & que le cylindre qui la figuroit, ſervoit uniquement à appliquer au fond du Ballon la chaleur du réchaud, *pour maintenir l'équilibre*, (diſoit-il), *& l'égalité de plénitude du globe* (2). Or c'eſt en cela que la conſtruction de ſa machine étoit doublement défectueuſe.

Le Ballon placé au-deſſus du réchaud recevoit, au moyen du cylindre, toute l'action du fluide du feu, qui tend naturellement à monter. Ce fluide augmente conſidérablement la dilatation du gaz inflammable, déja trop diſpoſé à ſe dilater dans les

---

(1) Voyez la deſcription de ſa Machine Aéroſtatique, deſtinée pour la ville de Calais.

(2) On peut voir à ce ſujet les nouvelles expériences de M. Marat, détaillées dans ſes *Recherches phyſiques ſur le feu*, qui ſe trouvent chez Méquignon l'aîné.

couches supérieures de l'athmosphère, où sa force expansive cesse d'être suffisamment contre-balancée par le ressort de l'air ambiant. Ainsi tandis que le pauvre Pilatre auroit dû mettre tous ses soins à remédier à la trop grande expansion de ce gaz, il s'étoit travaillé à l'augmenter encore. Ce qui devoit nécessairement accélérer la rupture des enveloppes du Ballon, causer une prodigieuse déperdition de gaz, & le mettre bientôt hors d'état de soutenir le poids dont il étoit chargé.

Comme l'excessive expansion du gaz résulte toujours de la simple raréfaction de l'air ambiant, c'étoit assurément bien agir contre le but qu'on devoit se proposer, que de l'augmenter par la chaleur. Du moins étoit-ce faire preuve d'inconséquence extrême, que d'allumer le brasier en commençant, & même avant de commencer la course; puisque l'état de condensation étoit l'état le plus favorable où le gaz pût se trouver. Et si jamais l'action d'une très-douce chaleur devenoit nécessaire pour en augmenter l'expansion, ce ne pouvoit être que vers la fin de la course, lorsque par une suite de la trop grande déperdition du gaz, il cessoit de distendre suffisamment les parois du Ballon, & de le soutenir à hauteur convenable.

Et plût au ciel, Monsieur, que l'action du fluide du feu n'eût causé que la déperdition partielle du gaz inflammable! mais en le pénétrant peu-à-peu, elle portoit à un point extrême la dilatation de la maſſe entière : ce qui devoit enfin produire une explofion terrible. Ainſi fait explofion une bulle de gaz inflammable, fuſpendue en l'air 20 pouces au-deſſus d'un petit braſier ou de la flamme d'une bougie. Expérience où l'on voit parfaitement le jeu de ce fluide, en la répétant d'après la nouvelle (1) méthode d'obſerver dans la chambre obſcure.

Ici, Monſieur, je vous entends vous récrier ſur la manière inconcevable dont la conſtruction de cette machine étoit raiſonnée ; mais un peu de patience, nous ne ſommes pas au bout.

Suppoſons un inſtant que l'explofion du Ballon eût été impoſſible, l'infortuné Pilatre ne pouvoit manquer de périr par la détonnation du gaz inflammable.

Le gaz très-dilaté gonfle à l'excès le Ballon. Pour en prévenir le déchirement, il faut l'évacuer en partie ; une ſoupape s'ouvrant par la preſſion de la force expanſive du gaz inflammable, & qui n'auroit cédé qu'autant qu'il le falloit pour empêcher le Ballon de crever, auroit parfaitement rempli ce but ; mais au lieu d'une pareille ſoupape, ils en avoient adapté une qui s'ouvroit de chaque côté au moyen d'une clavière & d'un cordon. Cette ſoupape devoit néceſſairement être placée au haut de l'Aéroſtat, afin que le gaz, toujours plus léger que

---

(1) Voyez l'Ouvrage cité dans la note précédente.

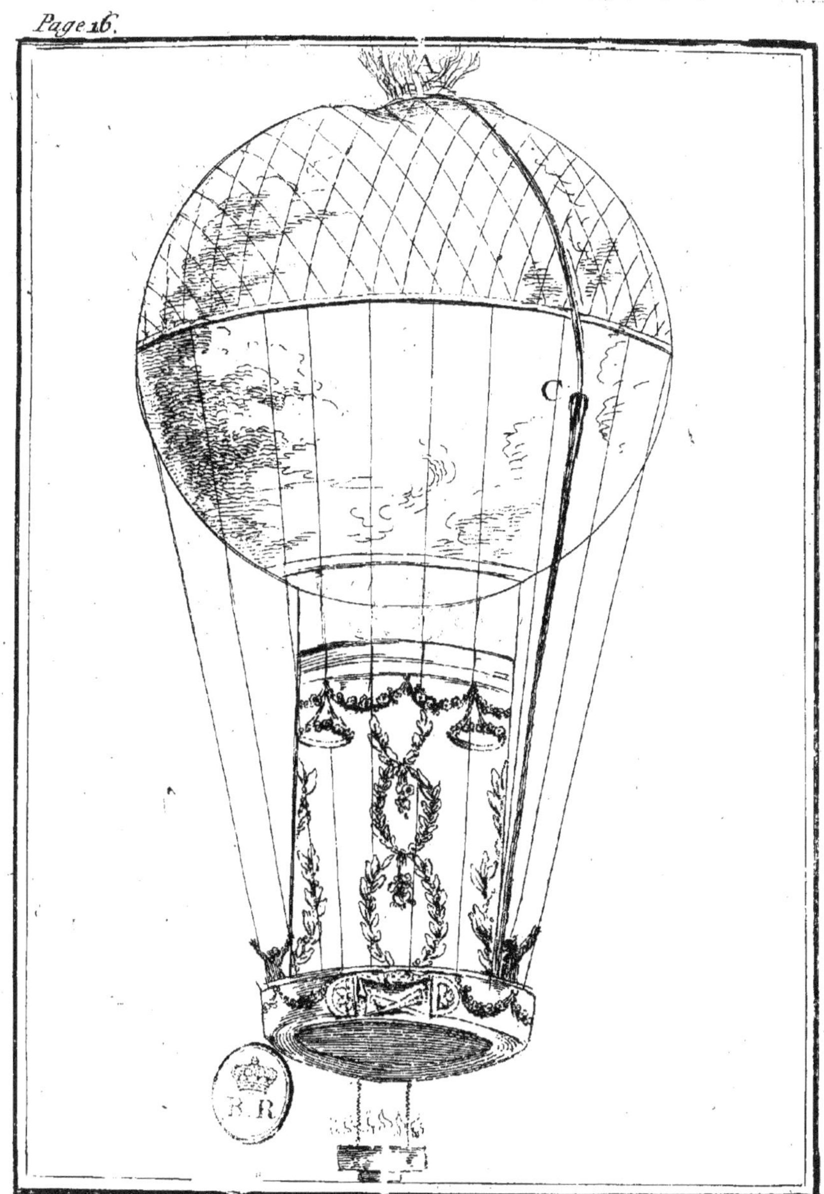
A
C
R R

l'air commun, ne pût en s'échappant fe répandre vers le brafier : & il faut louer les conftructeurs de l'avoir placée de la forte. Mais les appendices où ils avoient renfermé les cordons de la foupape pour les tenir en refpect, firent bientôt perdre l'avantage de cette pofition, & la rendirent même plus dangereufe que fi la foupape avoit été placée au bas du Ballon. Car l'extrêmité fupérieure de ces appendices s'ouvroit dans le Ballon même ; tandis que leur extrêmité inférieure, liée au bout du cordon, fe terminoit à la galerie. Comme la longueur du cordon placé en dehors devenoit très-confidérable, & comme la force néceffaire pour faire jouer la foupape ne pouvoit agir que fuivant la courbe $A\,C$, elle devoit néceffairement avoir beaucoup d'énergie. On avoit donc pris le parti de le faire traverfer le Ballon de A en C où s'ouvroit l'appendice C. Mais la foupape étoit fi dure, qu'il étoit extrêmement difficile, ou plutôt impoffible de l'ouvrir fans l'arracher, & même fans déchirer l'appendice à l'endroit où s'appliquoit la main. Dès-lors il devenoit un vrai fiphon, par lequel le gaz inflammable fe précipitoit vers le brafier. Inconvénient terrible, qui devoit infailliblement produire la détonnation du gaz, & l'affreufe cataftrophe qui en a réfulté.

Mais lors même qu'on n'auroit point fait jouer la foupape, la détonnation étoit encore inévitable, tant la conftruction de la machine étoit monftrueufe. Placé au-deffus du réchaud comme fur un gril, il

étoit impoſſible , vous le ſentez, Monſieur, qu'au
bout d'un certain tems , le fond n'en fût pas rouſſi ,
qu'il ne s'y fît pas des crevaſſes , que le gaz inflammable ne fusât pas ſur le braſier , & qu'il ne
mît pas le feu au Ballon.

Ainſi le malheureux Pilatre s'étoit creuſé lui-
même un triple abîme. D'après l'examen des reſtes
de l'enveloppe & des appendices, il auroit été facile
de reconnoître comment le feu s'étoit communiqué
au Ballon. Mais à la hauteur où il ſe trouvoit, il eſt
preſque certain que les Aéronautes, forcés d'ouvrir
la ſoupape , ont eux-mêmes précipité l'inſtant de
leur ruine.

Quoi donc ! demanderez-vous avec ſurpriſe ,
eſt-il concevable qu'un homme auſſi inſtruit que le
paroiſſoit Pilatre de Rozier, ait pu placer un Ballon
d'air inflammable au-deſſus d'un braſier ardent ? Vous
demanderez encore comment les défauts révoltans
de la conſtruction de cet Aéroſtat, n'ont pas frappé
les Savans qui accouroient pour le voir ? Je vous
répondrai qu'il eſt poſſible que ces Meſſieurs les lui
aient charitablement fait appercevoir. Je pourrois
même vous dire quelque choſe de plus. Sans avoir
avec lui aucune liaiſon particulière , il ne m'étoit
pourtant pas étranger, & plus d'une fois je lui ai té-
moigné mes craintes ſur la dangereuſe combinaiſon
qu'il appelloit *l'heureux accord des deux procédés.*
Peut-être n'avoit-il pas des connoiſſances phyſiques

affez étendues pour fentir combien mes craintes
étoient fondées, & peut-être étoit-il trop jaloux d'in-
nover pour fuivre les routes battues. Soit défaut de
lumières, foit amour des nouveautés, il fut fourd à
ma voix, &, comme un autre Caffandre, je criai
dans le défert. Puiffent du moins les fautes de cet
infortuné n'être pas perdues pour ceux qui feroient
tentés d'imiter fon exemple !

C'eft ici, Monfieur, qu'il faut fe donner le fpectacle des fuites funeftes de la préfomption & de
la témérité. Quels revers fuivent fouvent les plus
brillantes entreprifes, lorfque l'audace n'eft pas ac-
compagnée du favoir ! Jeunes téméraires ! vous étiez
donc deftinés à périr. Comme ils couroient à leur
perte ! Après cinq mois de captivité, leur extrême
impatience preffoit l'inftant fatal. Il arrive enfin cet
inftant fi defiré : bientôt les apprêts du départ fe
font avec ardeur ; déja la machine fe déploie, elle
s'élève au bruit des acclamations d'une multitude
étonnée, & fert un moment de jouet aux vents
qui l'entraînent. A peine éloignée de quelques
milles, devenue la proie des flammes, elle fe
précipite, fe diffout, & couvre de fes lambeaux les
malheureufes victimes qu'elle ceffe de tenir fufpen-
dues au haut des airs : comme fi la nature fenfible
à leur épouvantable fort, eut voulu leur en dérober
l'horreur, en jetant fur eux un voile lugubre.
A cette affreufe image mon fang fe glace d'effroi,
& la plume me tombe des mains.

TROISIEME LETTRE.

Paris, ce 24 Juin 1785.

Vous rappellez-vous, Monsieur, l'enthoufiafme univerfel qu'excita parmi nous l'invention des Aéroftats ? Affurément il étoit extrême ; mais, il faut en convenir, il étoit très-naturel : tant la réflexion a peu de force fur les pauvres humains.

Quoiqu'un Aéroftat offre en grand le même phénomène qu'une bulle de favon avoit tant de fois offert en petit; ce fut un fpectacle bien merveilleux, même pour les Phyficiens les plus éclairés, de voir une maffe énorme quitter fpontanément la terre, s'élever avec rapidité dans les airs, & fe perdre enfin dans les nues. Mais quelle fut leur admiration en voyant des hommes intrépides, emportés par cette frêle machine, planer dans les plaines éthérées, au-deffus des montagnes, des fleuves, des mers, &, comme l'aigle fuperbe, envahir l'empire d'Eole.

Dès ce moment les têtes furent tournées. Egalement livrées au feu d'une imagination en délire, elles

elles fe divisèrent en deux claffes, dont l'une fembloit tout efpérer, & l'autre fembloit tout craindre.

Déformais on n'alloit voir régner fur la terre
que défordre, trouble & confufion. Rien ne pourroit bientôt fe dérober à l'audace des mortels en-
treprenans. Plus de barrières contre les entreprifes des voleurs & des contrebandiers; plus d'afyle
affuré pour la beauté indigente & vertueufe ;
plus de reffources contre les incendiaires : déjà
l'avare trembloit pour fes tréfors; & les mères vigi-
lantes redoutoient de voir leurs filles donner des
rendez-vous, au-deffus des nuages, à quelqu'amant
chéri.

Nos tranfes fe font enfin calmées, mais nos ef-
pérances n'ont fait qu'embellir ; à peine l'imagination la plus féconde traceroit-elle le tableau des
avantages ineftimables qu'alloit nous procurer l'invention des Aéroftats (1).

Que de connoiffances nouvelles, dont la Phyfique,
l'Aftronomie, la Géographie, la Méchanique,
l'Art Militaire, la Politique profiteroient également !

Quels précieux dons ne feroit-elle pas aux malheureux habitans de la terre ! Armé d'un fimple
Ballon, l'homme devoit arracher la foudre des mains

---

(1) On peut en voir des échantillons dans le N°. 9 de
l'Anné Littéraire pour 1784, & dans les N°.   des
Annales Politiques pour le XVIIIe fiecle.

de la nature, conjurer les tempêtes, & garantir à jamais des ravages de la grêle nos vignes & nos champs.

Et de quel prix ne feroit-elle pas pour un adroit Négociateur, un habile Général, en remplaçant nos lourdes machines par des chars auffi légers que le vent ! Dans leurs beaux tranfports, certains Ballomanes faifoient des vaftes plaines de l'air le théatre de la guerre : plaçant à leur gré d'intrépides carabins fur les ailes d'un Ballon, ils leur faifoient parcourir le globe pour épier le moment opportun de pouvoir furprendre une place, ou de brûler une flotte : des armées nombreufes devoient camper au-deffus des nuages & s'y livrer bataille tandis que dans leur aimable délire, d'autres Ballomanes préparoient fur un vafte Aéroftat des fêtes aériennes pour les humbles habitans de la terre.

Enfin, car je ne veux pas épuifer votre admiration, les plus ambitieux fembloient ne vouloir plus habiter que dans les airs, où l'imagination venoit de leur ouvrir un nouvel univers, dont l'homme étoit devenu le maître.

On a donc conftruit à grands frais des Aéroftats ; & en attendant qu'on parvînt à les diriger pour faire des conquêtes, on s'eft mis à courir les airs pour le fimple honneur de s'y promener, & par fois auffi dans l'efpoir d'y faire des découvertes fcientifiques.

Mais à quoi ont abouti jufqu'à préfent ces pompeufes excurfions ? — A nous apprendre que l'air est moins denſe, & qu'il fait plus froid au-deſſus des nuages qu'à la ſurface du globe ; ou en d'autres termes, que le thermomètre & le baromètre baiſſent dans les régions ſupérieures de l'athmoſphère. Expériences ſublimes ! mais dont à la rigueur on pouvoit ſe paſſer, puiſqu'on les avoit faites tant de fois, & avec infiniment plus d'exactitude, ſur le ſommet des hautes montagnes : car le char volant n'ayant jamais une aſſiette fixe, le moyen que le mercure du tube des inſtrumens puiſſe marquer le vrai degré que donneroit la température ou la denſité de l'air où ils ſe trouvent plongés.

De quel prix d'ailleurs ces vaines promenades n'ont-elles pas été payées ! Sans parler de tous les accidens qui les ont précédées ou accompagnées, vous le ſavez, Monſieur, les cicatrices de . . . . . (1) ſont à peine fermées ; & le ſang de Pilatre & de Romain eſt encore fumant.

P. S. Au moment où j'allois fermer ma lettre, on écrit de Londres que le Ballon deſtiné à élever un mouton, qui devoit être précipité d'une certaine hauteur, avec un parachûte, a fait exploſion le 15 de ce mois. Les habitans du lieu ont déclaré en avoir entendu le bruit, qu'ils ont pris pour un coup de tonnerre, & avoir vu deſcendre une maſſe qui s'eſt trouvée être l'enveloppe du Ballon déchirée en lanières. Ainſi c'en étoit fait

(1) L'Aéronaute penſionné par le Prince des Aſturies.

encore de l'intrépide Blanchard, s'il avoit eu le malheur d'y monter ; & un même jour réunissoit dans la tombe les plus fameux Aéronautes. Matière à réflexions pour leurs imitateurs !

Permettez-moi une observation sur ce nouvel accident. Vous le sentez, Monsieur, il n'a pu résulter que de la déperdition totale du gaz inflammable ; & cette déperdition n'a pu être causée que par l'étincelle électrique ou quelque météore igné. De sorte que l'accident même que certains Aéronautes regardoient comme impossible, est le plus redoutable de tous, peut-être même le seul qu'on ne puisse toujours éviter. Cette aveugle sécurité leur venoit sans doute de la fausse opinion que la foudre ne sauroit enflammer leur gaz, parce qu'il ne communique point avec l'athmosphère : mais un peu de réflexion leur eût fait sentir que la foudre doit toujours percer le Ballon avant d'y mettre le feu.

QUATRIEME LETTRE.

Paris, le 25 Juin 1785.

Frappé des accidens qui sont arrivés, vous n'avez pas dû, Monsieur, l'être moins de ceux qui pouvoient arriver encore. Combien peu d'expériences aéroftatiques ont été faites, sans donner quelque sujet de crainte ! Faudra-t-il donc proscrire (1) les Aéroftats, & accuser leur inventeur d'avoir fait aux hommes un don funefte, en croyant leur faire un superbe préfent ? Gardons-nous de le penser. Quelle invention utile à l'humanité, ne coûta aucun sacrifice de sang humain ? L'inoculation en eft-elle moins une pratique salutaire, pour faire de tems en tems quelques victimes ? Et la dé-

---

(1) Combien d'enthoufiaftes foutenoient, il y a peu de jours, qu'un Aéroftat étoit propre à tout, demandent froidement aujourd'hui à quoi un Aéroftat peut être bon. Inconféquens par caractère, nous nous dégoûtons auffi légèrement d'une belle invention que nous nous en fommes engoués. Nos voifins nous comparent à des girouettes ; leur apprêtfons-nous toujours à rire ?

B 3

couverte du fluide électrique dans la foudre en est-
elle moins précieuse, parce que quelques Physiciens
ont payé de leur vie le defir de la conftater ?

L'art de planer dans les airs eft à peine au ber-
ceau : avec des lumières & du génie, il peut fe per-
fectionner ; & quand il refteroit toujours au point
où il eft actuellement, il feroit infenfé de le prof-
crire.

Sans doute, il y a des rifques à courir pour un
Aéronaute ; mais qu'ils font en petit nombre com-
parés à ceux d'un Navigateur (1) ! Et puis, quel
art, quel métier en eft exempt ? Sans ceffe envi-
ronnés de périls, la moindre de nos démarches peut
nous être funefte ; renoncerons-nous donc à aller
dans les rues, parce qu'il y a du danger à paffer
fous un toit ?

Au furplus de quoi n'abufe-t-on pas ? Et peut-
on fe diffimuler que tous ces accidens qui nous ef-

---

(1) On a un peu forcé cette comparaifon, je le fais ; car
pour qu'elle foit jufte, il ne fuffit pas de calculer les périls,
il faut auffi mettre les avantages en ligne de compte. Mais
qu'on n'aille pas s'imaginer non plus que les avantages de
la navigation foient bien merveilleux. C'eft encore une
grande queftion à réfoudre, fi la conquête du Nouveau-
Monde n'a pas été plus funefte qu'utile à l'ancien Conti-
nent.

fraient, ne foient arrivés par l'impéritie des Aéro‑
nautes ? Quelque recommandables qu'ils fuſſent
d'ailleurs par leurs talens, ils n'ont que trop fait
voir qu'ils manquoient des connoiſſances néceſſaires
à la conſtruction & à la conduite de leurs ma‑
chines (1).

Laiſſons repoſer en paix les mânes de Pilatre &
de Romain. Ne produifons pas au jour une foule de
petits imitateurs, & ne nous permettons même
qu'un mot fur ceux qui ont le plus figuré parmi
nous.

N'eſt‑ce pas pour avoir ignoré l'étendue de la
fphère d'activité du feu, que les Aéronautes (2)
de Lyon ont manqué les proportions de leur Mont‑
golfière, l'ont expofée deux fois à être la proie des
flammes, & ont couru eux‑mêmes rifque de périr ?

N'eſt‑ce pas pour avoir ignoré les effets de l'ex‑
panfion de l'air commun & du gaz inflammable,
que ceux de Saint‑Cloud n'ont pu faire jouer leur

____

(1) Enfans de plufieurs pères, elles ne font point forties
toutes armées, des mains de leur inventeur, comme Mi‑
nerve du cerveau de Jupiter. Dans les différentes formes
qu'elles ont prifes, l'un a trouvé l'enveloppe, l'autre a
trouvé un gaz, l'autre a imaginé la gondole, l'autre a fourni
le filet, &c. A voir tant de mains concourir avec zèle à
la conſtruction de ces machines, qui ne les auroit cru par‑
venues au point de perfection ?

(2) Les premiers.

machine, & se sont vus forcés, dans la région des nuages, d'éventrer leur Ballon pour regagner la terre ?

N'est-ce pas pour avoir ignoré qu'une enveloppe trop claire ne peut contenir l'air dilaté par le feu, que ceux du Luxembourg ont été (1) forcés de renoncer à leur entreprise ?

N'est-ce pas pour avoir ignoré les proportions du mélange d'eau & d'acide vitriolique, nécessaires à la formation du gaz inflammable, que ceux (2)

---

(1) La toile de leur Montgolfière étoit fort claire. Elle avoit été enduite d'une épaisse couche de détrempe à la colle ; mais cet enduit étoit tombé en poussière par les frottemens & les froissemens multipliés qu'il avoit éprouvés dans plusieurs essais, sur-tout par le transport de la machine, de l'Observatoire au Luxembourg. La toile n'étoit donc plus qu'un crible le jour de l'expérience, & l'air dilaté par le feu passoit aussi facilement à travers que l'eau à travers un panier. Telle est la raison du défaut de réussite de ces Aéronautes, & non la trop grande chaleur de la journée, comme on l'a insinué : car la diminution de densité de l'air extérieur produite par l'action du soleil, auroit simplement diminué la grandeur de la rupture d'équilibre, c'est-à-dire la différence de pesanteur spécifique de la Montgolfière enflée, à celle d'un volume égal d'air ambiant. Tout ce qui pouvoit en résulter, étoit donc que l'Aérostat ne fût pas capable d'enlever un aussi grand poids qu'on l'avoit annoncé, & de s'élever lui-même aussi haut.

(2) Ceux de la première expérience. C'est un fait connu de tout Paris, que jamais ils ne seroient parvenus à remplir

des Tuileries ont touché à l'inftant d'avoir le
même fort ?

Trop avides de renommée pour fuivre dans la
conftruction d'une nouvelle machine, dont aucun
grand maître ne s'étoit occupé, la méthode qui
avoit le mieux réuffi, ils ne mettoient tous leurs
foins qu'à faire différemment les uns des autres ; &
on a vu ce qui en eft réfulté.

Au refte, quoiqu'il y ait affez peu de rifque à courir,
quand l'Aéroftat eft bien conftruit, quand l'expérience
eft faite (1) par un tems convenable, quand on ne
s'aventure pas à planer fur l'abîme des mers, où l'on
a également à redouter & l'impétuofité des vents
& un calme foudain ; il faut pourtant convenir qu'il
y a des dangers auxquels il feroit impoffible d'échapper. Que pourroient la prudence & l'habileté hu-
maine contre un tourbillon qui emporteroit l'Aéroftat, contre la violence de deux courans contraires
qui l'applatiroit, la rencontre d'un météore igné
qui le brûleroit, & les atteintes de la foudre qui le
mettroit en lambeaux ?

---

leur Ballon, fans l'heureufe arrivée d'un Chymifte expert,
dont les fages confeils les tirèrent d'embarras.

(1) Pour que le tems foit convenable, il faut que le ciel
foit pur, & que la chaleur foit très-modérée.

CINQUIEME LETTRE.

Paris, ce 26 Juin 1785.

POURQUOI renoncerions-nous à la belle invention de M. de Montgolfier? Un Aéroſtat eſt un inſtrument précieux entre les mains d'un habile Phyſicien, & peut-être pourra-t-il ſervir à quelque choſe de mieux qu'à des expériences de Phyſique. Mais, MONSIEUR, pour en tirer parti, il faut commencer par le conſtruire de la manière la plus ſûre, la plus avantageuſe, la plus commode; puis il faut s'en ſervir avec toutes les précautions que la prudence peut ſuggérer.

A ne conſidérer que les riſques à courir, ils ſont incomparablement moindres avec un Ballon qu'avec une (1) Montgolfière; & par cette raiſon ſeule il mérite la préférence.

L'attention continuelle qu'une Montgolfière exige des tiſeurs, la rend très-incommode & très-

______

(1) A peine a-t-on fait juſqu'à préſent une ſeule épreuve, que le feu n'ait pris à la machine, & n'ait failli de la réduire en cendres.

peu propre à faire des obfervations ; à moins qu'elle ne foit d'un volume affez confidérable pour porter plufieurs voyageurs, dont quelques-uns ne foient occupés que de l'objet du voyage. Au lieu qu'un Ballon garni d'une foupape, qui s'ouvriroit par la fimple (1) preffion de la force expanfive du gaz inflammable, n'exige abfolument aucun foin ; & par cette raifon auffi il mérite la préférence.

Enfin, la quantité de combuftibles néceffaires à l'entretien du feu ne laiffe pas d'être confidéra-ble : au lieu que la déperdition du gaz peut être affez légère, quand on a foin de ne pas trop s'éle-ver : un Ballon eft donc beaucoup plus propre aux longues courfes qu'une Montgolfière, & par cette raifon encore il mérite la préférence.

La vraie méthode de fe fervir d'un Aéroftat doit répondre au but qu'on fe propofe, & être en même temps la moins périlleufe poffible.

Lorfqu'il s'agit d'une fimple courfe, il eft infiniment plus fage de ne s'élever qu'à la hauteur (2)

______

(1) Je dis d'une pareille foupape, car il eft d'autres moyens de defcente que la déperdition du gaz.

(2) C'eft un préjugé fans fondement de croire qu'il faut s'élever à une moyenne hauteur, pour éviter le ballotement de la machine : cet effet réfulte des différentes ofcillations de l'air ambiant, fur-tout fi la différence des pefanteurs fpé-cifiques eft peu confidérable ; & il ne feroit pas plus fen-fible à cent pieds au-deffus de la furface de la mer qu'à mille toifes, fi le courant d'air étoit foutenu.

néceffaire pour éviter tout obftacle : car l'expanfion du gaz étant toujours efficacement contre-balancée dans les couches inférieures de l'athmofphère, la déperdition en eft affez peu confidérable,
& le Ballon n'eft pas en danger de crever : il fe
trouve donc beaucoup plus en état de fournir
une longue carrière. Ajoutez qu'en cas d'accident, la chûte n'eft jamais bien rapide, & les
Aéronautes ne courent pas rifque de fe tuer. Si la
courfe fe faifoit fur l'eau, munis d'un fimple (1)
fcaphandre, ils furnageroient affez de tems pour
être fecourus par quelque batelet à leur fuite.

Je né vous parlerai point, Monfieur, des dangers
que certains Aéronautes bravent chaque jour, en
donnant au Public des fpectacles qui ne font rien
moins que gratuits : peut être M. de Montgolfier
ne s'attendoit-il pas à voir fon invention fervir à
ce batelage. Mais j'effaierai de vous indiquer quelques moyens de tirer parti de cette découverte.

Sans doute la prudence s'oppofe à toute tentative
de pur amufement, à toute courfe de pure often-
tation, à toute entreprife fans but louable, fans
utilité, fans importance. Si on s'expofe aux périls,
que ce foit du moins pour un objet qui juftifie
l'audace.

Parmi les diverfes applications avantageufes

___

(1) C'eft une précaution indifpenfable, lorfqu'il s'agit de
traverfer un lac ou un bras de mer.

qu'on peut faire de l'aéroſtation , celle qui ſe préſente la première à l'eſprit, a trait au progrès des
Sciences ; mais il importe de bien ſentir ce qu'on
peut raiſonnablement en attendre.

Vous ſouvenez-vous, Monſieur , du Mémoire de
ce Ballomane ſur l'utilité des Aéroſtats , dont l'An-
née Littéraire fait mention (1). Sans tenir aucun
compte de l'agitation perpétuelle de la gondole ou
de la galerie , il en faiſoit un obſervatoire où
(ſelon lui) les Aéronautes devoient opérer auſſi
exactement & auſſi tranquillement que ſur une
plate-forme. Mais vous ſentez bien qu'en fait d'opérations géographiques & d'obſervations aſtrono-
miques, le fruit qu'on peut tirer d'un Aéroſtat eſt
aſſez mince : il ſe borne aux obſervations qui
ne demandent qu'un coup-d'œil, ſi tant eſt que ce
coup-d'œil puiſſe être bien ferme ; car il me paroît
un peu difficile qu'un être penſant , & qui n'eſt pas
impaſſible , ſuſpendu au plus haut des airs par une
machine auſſi frêle , puiſſe conſerver la ſérénité
d'eſprit néceſſaire pour bien obſerver, à moins que
par une très-longue habitude il ne ſoit raſſuré ſur
les dangers qui l'environnent. Il eſt inutile d'obſerver que le Ballon doit toujours être fixé par un
cordon ; mais je remarquerai combien il eſt im-
portant que la galerie ſoit conſtruite de manière à
dérober (autant que faire ſe peut) aux Aéronautes la

____

(1) Voyez le N°. 9 pour 1784.

vue du péril qui les menace fans ceffe : elle doit donc avoir affez de hauteur, non feulement pour s'y promener fans rifque, mais pour empêcher l'œil de plonger perpendiculairement dans l'abîme fur lequel on plane.

Peut-être, Monfieur, pourroit-on tirer meilleur parti des Aéroftats, pour des expériences que pour des opérations géométriques : mais dans tous les cas où il faut un local ftable, les mêmes raifons qui empêchent de transformer la galerie en obfervatoire, empêchent de la transformer en cabinet de Phyfique. Au refte il feroit aifé de faire un grand nombre d'expériences, au moyen d'un Ballon nud, élevé aux plus hautes régions de l'athmofphère : j'ai là-deffus des vues nouvelles que je vous communiquerai un jour.

Quelque peu avancée que foit encore l'Aéroftation, comme l'afcenfion de la machine eft toujours sûre, les Chefs d'expéditions militaires pourroient s'en fervir avec fuccès dans les grandes occafions, pour donner des fignaux, foit fur terre, foit fur mer : car un Aéroftat peut s'élever à une hauteur beaucoup plus confidérable qu'une fufée, & il peut refter fort long tems en ftation, malgré la courfe du vaiffeau auquel il fe trouveroit attaché. Ainfi un Ballon de grandeur convenable feroit un excellent moyen d'établir une correfpondance entre des armées combinées pour régler, fuivant les circonf-tances, leurs marche, contre-marche, réunion, &c.

simplement en convenant des heures auxquelles on donneroit le signal, du tems qu'on le laisseroit en vue, & de certains chiffres répétés sur la surface du Ballon : correspondance qui réuniroit à l'avantage de n'être jamais interrompue, la sûreté du secret & la rapidité de l'éclair.

Ce seroit aussi un excellent moyen de faire, de très-loin, signal de secours à une place pressée par l'ennemi, & signal de ralliement à une flotte trop dispersée, pour que la courbure de la mer permette aux vaisseaux les plus éloignés d'appercevoir les signaux ordinaires.

Ce moyen serviroit de nuit comme de jour : car à trente toises du Ballon on pourroit en suspendre un autre de deux pieds en diamètre, plein d'air commun (1), & frotté de phosphore diffous dans l'huile de camphre. Si on craignoit que la clarté du phosphore fût trop foible, en tems nébuleux, on pourroit sans inconvénient lui substituer quelque composition d'artifice renfermée dans une boîte de cuivre, dont l'ouverture tournée en bas seroit garnie d'une meche, fixée à la chaînette de l'Aérostat :

---

(1) La flamme d'une bougie s'apperçoit à deux lieues de distance. En supposant sa longueur de dix-huit lignes, il est clair que ce petit Ballon lancé de nuit sur le Vaisseau Amiral, pourroit être apperçu au moins à trente-deux lieues à la ronde, & que la flotte dispersée dans un cercle de soixante-quatre lieues de diamètre, verroit le point de ralliement.

car le cordon de l'Aéroſtat doit être terminé par une chaînette, à deux cens pieds du grand Ballon.

Je n'examinerai point ici la queſtion, ſi ſouvent agitée, ſur la poſſibilité de diriger contre les vents ; mais je ne crains pas d'avancer que même en abandonnant l'Aéroſtat à leur merci, & malgré leur ſouffle inconſtant, il ſeroit quelquefois facile de profiter d'un courant favorable pour porter des ſecours à des malheureux renfermés dans des lieux inacceſſibles, ou faire paſſer par-deſſus une armée ennemie des lettres à une Ville aſſiégée, &c.

Si jamais une expédition périlleuſe peut être de ſaiſon, c'eſt ſans doute lorſqu'elle eſt entrepriſe pour le bien de l'Humanité, le bonheur de l'Etat, le ſalut de la Patrie. Toujours l'eſtime publique ſera le prix d'une noble audace, & qu'il eſt doux d'en recevoir des marques aux yeux d'une multitude enchantée !

Que ſi le ſuccès ne couronnoit pas conſtamment l'entrepriſe, la vertu ne reſteroit pas ſans récompenſe ; l'immortalité ſeroit le prix de ce généreux dévouement.

Je ne ſais, Monsieur, ſi mon cœur me fait illuſion ; mais je crois qu'il eſt encore aujourhui des hommes à qui le deſtin des Decius fait envie. Quoique l'amour de la Patrie n'ait point parmi nous l'énergie qu'il avoit chez les Romains & chez les Grecs ; combien de braves Militaires s'immolent à leur devoir ! & que de prodiges d'héroïſme l'honneur ne produit-il pas chaque jour dans nos armées !

SIXIEME

SIXIEME LETTRE.

Paris, le 1er. Juillet 1785.

FATIGUÉ des variantes perpétuelles des relations qui circuloient dans le Public, & voulant favoir à quoi m'en tenir, j'écrivis d'abord à Boulogne, MONSIEUR, pour me procurer (par la voie de quelques perfonnes de confiance) copie du procès-verbal fait pour conftater les circonftances de la fatale cataftrophe, de même que l'état de l'Aéroftat à fon départ & après fa chûte ; ou à défaut de procès-verbal, pour avoir des renfeignemens certains fur chacun de ces articles. Trois lettres, que je viens de recevoir, affurent qu'on n'a fait de procès-verbal qu'à l'égard de la levée des corps.

Les relations qu'elles contiennent, font fort détaillées & affez bien faites. Je vous les ferai paffer, pour peu que cela vous amufe. En attendant, j'obferverai que, conformes quant au fond à celles que je vous ai déja communiquées, elles s'accordent toutes fur ces points effentiels : « Que prefque » tous les fpectateurs ont vu paroître au-deffus du

C

» Ballon une colonne de flamme , fuivie de déton-
» nation ; que la partie fupérieure du Ballon , à
» dix pieds tout autour de la foupape , s'eft enle-
» vée ; que les lambeaux qui en ont été trouvés
» font calcinés ; que les parties contiguës de la
» circonférence du Ballon font crifpées & grillées ;
» qu'on y voit des déchiremens confidérables ; que
» l'un des appendices ouverts à l'équateur du globe ,
» eft déchiré & brûlé ; que le refte du Ballon pa-
» roît n'avoir pas fouffert ».

Telles font les principales circonftances de ces
relations, circonftances fur lefquelles on eft aujour-
d'hui affez généralement d'accord. Admifes pour
certaines , il en réfulte que le feu n'a point été
communiqué au gaz par l'ouverture de la foupape ;
car la flamme fe feroit élevée fort peu au-deffus du
Ballon , elle auroit duré quelque tems , & il n'y
auroit point eu de détonnation , avant que le feu
eût détruit une affez grande partie de l'enveloppe ,
pour que l'air atmofphérique fe mêlât au gaz inflammable.

Il en réfulte encore que le Ballon n'a point fait
explofion par la fimple expanfion du gaz inflammable, car le gaz s'eft enflammé.

Ainfi la colonne de flamme qui a paru fubite-
ment au-deffus du Ballon, la détonnation qui l'a
fuivie , la brûlure de la calotte fupérieure, le déchirement & la brûlure de l'un des appendices ;
en un mot, la réunion de toutes ces circonftances

démontre que le Ballon a détonné , & que le feu
y a pris par le gaz qui a fufé de l'appendice au
réchaud. C'eft donc l'infortuné Pilatre qui a creufé
lui-même l'abîme ou il a été précipité.

F I N.